AF158695

Wortschätze 2

DIE TEXTE

Wortschätze - aufgelesen am Strand, an den das Meer des Lebens sie geschwemmt hat. Durcheinander gewirbelte Buchstaben und Wörter finden einander und werden zu Texten, die erinnern an die Wogen des Lebens, an all die kleinen und großen Ereignisse, die Menschen eben formen und bewegen - so wie das Meer „sein" Treibgut.

DIE AUTORIN

Schon früh interessiert sich die diplomierte Pädagogin für die Sprache als Instrument zwischenmenschlicher Verbindungen.
Leidenschaftlich spielt sie mit Worten und Bildern, lässt aus dem einen lustvoll das andere entstehen.
Ihre Texte sind aus dem Leben gegriffen und mit hohem Wiedererkennungswert für all jene geschrieben, die, wie die Autorin selbst, zwischen den Tönen zu hören und zwischen den Zeilen zu lesen vermag. Barbara Grabers Texte wurden 2014 im Rahmen des Kärntner Lyrikpreises ausgezeichnet.

Barbara Graber

Wortschätze 2

Fundstücke & Treibgut
aus dem Meer des Lebens

L-Z

Bibliografische Information der Deutschen Nationalbibliothek:
Die Deutsche Nationalbibliothek verzeichnet diese Publikation in der Deutschen Nationalbibliografie; detaillierte bibliografische Daten sind im Internet über http://dnb.dnb.de abrufbar.

© *2015 Barbara Graber*

Fotos: **Barbara Graber**
Fotobearbeitung: Christoph Scharwitzl

Herstellung und Verlag: BoD – Books on Demand, Norderstedt

ISBN: 9783739210858

All jenen, die

nicht müde werden

diese Welt zu gestalten

als einen Ort der Begegnung

als einen Platz zum Leben

und einen weiten Raum

in dem WORTSCHÄTZE

gut aufgehoben

sind.

Liebestolle Lockenköpfe
lesen
lichterloh
leuchtende
Liebesbriefe

Leise lachend
leichtfüßig lodernd

Längs lauschiger Lorbeerhecken
lüpft Leopold luftige lila
Leinenkleider

Luftikusse locken liebreizende
Lichtwesen
leider

LEISE AHNUNG

Wenn
die unaussprechliche Ahnung
herüberkommt

mit der Einsamkeit
alles zu teilen

schließt sich der Kreis
zu mir selbst

LICHTWESEN

Ruhiges Einsammeln
von gebrauchten Gedanken
begleitet den Handel

sie tauscht
so viel herrliche Nacht
gegen das kleine Glück
aufblitzender
Vertrautheit

hat gelernt

das stille Ende der Worte
einfach
los zu lassen

Wie die Gedanken
dann
wenn Nähe
lichtdurchflutete Räume
eröffnet

LABYRINTH

Warme Sonnenstrahlen
brennen erbarmungslos
schmeichelhaft
ihre Botschaft
in sein taubes
Gesicht

Wie ein Wellenmuster
aus alten Wegen
die er

nicht

hinter sich ließ

Alles atmet Reichtum
nur das welke Herz
ringt
um seine Essenz

LIBELLE

Die Glut
malt unerbittlich Kreise
auf die hauchdünne Plane
kaum ein Schutz

das gegerbte Profil
verletzt von scharfen Kanten
gefährlicher Worte
die niemals gesagt

Rostige Blüten

Nur ein
Flügelschlag der Libelle
am Stacheldrahtzaun

LICHTSPIEL

Das Morgenlicht
das die Pferde von ihren Reitern trennt
hebt den Vorhang

Der Blick fällt mühelos
auf den Altar jener Götter
die unsere Worte verzaubern.

Der wilde Tanz der Dakini begleitet
ruhelose Gedanken ins Wolkenmeer hinab

gleißend hell
wie der unberührte Schnee der Gipfel

Die Väter der Ewigkeit geben die Richtung
vor
zum letzten Mal

Meine Momente

Morgens Meeresrauschen malen.

Mittags mit Maiglöckchenklang
meditieren.

Mitternachts Mondgesang
mögen.

Manchmal Märchenlesen

Myriaden Musenküsse
modellieren

Mit mir munkeln.
Mit mir murmeln.
Mit mir mutigsein.

Meinetwegen!

MORGENS

Erfüllt
von Blitzlichtern

die handgesäumte Sonnenuntergänge
in Augenblicke zerfallen lassen

flüchtige Gedanken
reisen wild
durch entblößte Körper
wie durch fremde Sphären

es riecht vertraut
nach ihren Kleidern
von der Sonne getrocknet

satt durchdrungen
von morgendlicher Stille

MONDGESANG

Im Grauen des jungen Morgens
zieht der Gedankenpflug seine Spur
durch die Wolken

dahinter tobt ein Meer
aus korallenfarbig wabernden Träumen
Mondgesang bahnt sich den Weg

Stille
küsst mit Honiglippen
die alten Wunden

MAGIE

Das Land liegt vor mir

in seiner prallen Magie

lädt mich ein zu tauchen in den Tiefen

der Götter

grinst mich an

blau

erhebt meinen Geist zum Gipfel

dort tanze ich meine Seele gesund

und bin zu Hause angekommen

MEER-ENGE

Ich folge mir selbst
ins Paradies

meiner Worte

die Gedanken fliegen einstweilen
zu Gott und der Welt

einfach sein
Atemzüge durch und durch
dringen

und erfüllen mich

mit der Sehnsucht nach Meer

MIT MIR ZU HAUS

verstohlen beobachte ich dich
wie du anwesend bist
aber nicht da

erkenne das Schöne im Dunklen
zeichne mit Licht
meine eigenen Bilder

unbeeinflusst
von den Hologrammen
der Sippe

gottverlassen trostlos und zweifelnd
bewege ich mich
auf meinen Schatten zu

nehme ihn in meine Arme
missachte souverän
die Regeln der Welt

und entdecke dieses Funkeln
die Worte
die Bilder
die mir zeigen

dass zu Hause keine Mauern braucht
nur Raum
zum Atmen

Ich bin da.

Zu Hause
in mir.

Nordwandern
nachts nach Neuland

Neumond
Nieseln
Nebel

   Niemals nachlassen.

Niederschreiben
Nektar naschen

nur Neugierig
nachhause

NORDWANDERIN

hörst du die

zart schmelzenden Weisen?

brich den Blütenkranz

du bist aus der Zeit gefallen

und in die Welt

hineingestolpert

himmelblauer Friede

immer

donnerstags ganz frisch.

NIEMANDSLAND

Niemandsland
aus blauen Wolken

Figuren
aus Kindertagen
und wilden Fantasien
reiten durch die Prärie
des grauen Alltags

breiten sanft
ihr goldenes Tuch
über
abgeerntete Äcker

NICHT EINMAL DAS

In ungekünstelter Demut
nichts mehr sein
müssen

sich auflösen wollen
in alles hinein

vorübergehend
wie Weisheit
schreitend
im wallenden Gewand

alles bloß noch Erinnerung

und
vielleicht
nicht einmal das

NEUBEGINN

Schrebergartengleich geordnet
lagen die alten Gedanken
immer wieder
vor ihr

breit gefächert
das volle Spektrum

Im Grundgewebe sucht sie
nach den Konturen
die aufzulösen
so verlockend scheint

heimtückische Nebelschwaden
steigen empor

in beinah gleichmütiger Würde
zeichnet sich schemenhaft
der Neubeginn ab

NEUE PARADIESE

Lass uns
die Dächer erklimmen

die Schornsteine
umtanzen
und abheben von der Welt

Die Welt
aufs Neue erkunden

neue Paradiese entdecken
nie geahnte Weiten
im zarten Blau der Zuversicht

NEULAND

Da kommst du
auf mich zu
beinahe direkt

ins Gesicht weht mir
der kalte Hauch vergangener Zeiten

Möwengeschrei
begrenzt

diesen befremdlich vertrauten
Kosmos

NEUE SICHT

Den Weg
der Frau üben

Ihn betrachten
mit den Augen
des Knaben

Plunder liegt überall
im Garten
der Lüste

NUR SO

Unter der Oberfläche
den Wert erkennen
der dem, was scheint
innewohnt

ist Kunst

Die Hülle fallen lassen
die schützt
und schmückt, was ist

ist Mut

Das Innerste
ungehemmt wirken lassen
ohne Angst
nur so

ist Liebe

Offenstehende
Orangenblüten

ohne Ordnung
orientalische Offenbarungen

Orchester oder Ozean?

OHNE DICH

Im Schattenreich
der ungelebten Träume
muss ich dem Tod ins Auge sehen
um zu überleben

Keine Absicht
die dahinter steckt
nur der Drang
was draus zu machen

wie nur?
ohne dich

OZEAN DER FREUDE

Ein Universum
gestrickt aus leuchtenden Fäden einer
anderen Welt

das Blau ruft zum
Eintauchen in der Ozean
der Freude

Nach den Juwelen der Liebe tauchen
Umspült von
guten Gedanken

Durch und durch
getränkt
vom Sein

ORDNUNG

Eine besinnungslos rasende Welle
droht grob
mich mitzureißen

Hörst du das winzige Rascheln nicht?

Durchdringend
besetzt es das Herz

zerrt
am ruhelosen Geist

um die schemenhaften Gedanken
die neblig
aus sich selbst
heraus
leuchten
zu Vollkommenheit zu führen

        ausgedrückt in Kinderstimmen

Hinter den geschlossenen Lidern
ist alles da
einer eigenwilligen Ordnung
gehorchend

Pilgergeschichten

plötzlich poetisch

Perspektivenwechsel probieren

Pures Prickeln

PERSPEKTIVE

Des Himmels neckisches Blau
lenkt ganz leise ab
vom Sog der Mördergrube
die sein Herz geworden war

Sein Blick schweift matt ergraut
über die Grashalme
die sich vor dem Wind
verneigen

Weiter
geht die Reise

hinab
hinaus
hinfort

Zu schwach
das Boot zu steuern
treibt träge tümpelnd er
sich selbst entgegen
und
davon

PERLENTAUCHER

Atemlos
zu Hause ankommen
weit entfernt von dem
Ort der Orte

In der Tasche unerfüllte Wünsche
aus nie zu Ende
gedachten Träumen

Außer Kontrolle
in den Abgründen der Seele
nach Perlen tauchen

Unrat finden

erschreckend
ergreifend
erhellend

Ein Tauchgang
zum Selbst

PILGERWEG

Im heiligen Raum
fließen Worte
durch mich
in die Welt

vergoldet die Zeiten
die Gram verbrannt
in Einsamkeit und Stille

umgeben von himmlischen Scharen

wandern
und
weinen

Asche

bitterer Liebestrank
zähmt die Furcht

hebt auf
die Geometrie der Zeit

Quälgeist quergetrieben
quellende Quintessenz
quadrilletanzend qualmen

Quacksalber – quo vadis?

QUO VADIS?

Sein Blick wird weit

wohin
er lauthals sehnend schweift
wer weiß

ein Ruderschlag
reißt hölzern
grob die Oberfläche auf

die Wellen
schlucken gierig
das grelle Licht

Sie
saugt dafür das Leben ein
ergriffen

von Wassergrün und safrangelber Sonne

Wohin des Weges?

Rätselhafte Resonanz

reglose Ruhe
rosenblütenduftender Reichtum

rüttelt ringsherum
riecht reif

ruft

rührendes Ritual

RISIKO

Tapfer marschieren
in der Landschaft des Geistes

Atem holen
im frischen Wind der neuen Kraft

Sich niederlassen
am moosigen Boden der Geborgenheit

Die diffuse Sehnsucht spürend
sich aufraffen

um mit gebrochenen Flügeln
heimzukehren

dann und wann

vergessen
vergessen
vergessen

ROT

Wellblechhütte
der eigenen Sehnsucht

in Laken aus Wollust gehüllt

    wuchernde Phantasien

        efeugrüne Behauptungen

quälen sich
durch bleierne Brocken nach oben

Rot
oben ist's rot

RESONANZ

Ausruhen
will ich mich

in den Armen
des Sommers

auf den Wiesen
sanfter Worte

erfrischt vom zarten Wind
des Friedens

Völlig frei
ausRUHEn

Still mich
am Duft der Wahrheit erfreuen

tief

in Resonanz
mit dem großen Ganzen sein

Sommer

Selig singend Seiltanzen

Sandburgenbauen

Seilspringen

Schaukeln

Steine sammeln

Schnecken streicheln

Sonnenblumen säen

Schuhplatteln

Schokoladeneis schlecken

Schöngeistig Schrift stellen

Süße Sehnsüchte streicheln

Samstagabend Sterne schauen

Still

Sein

STILL LEBEN

Ruhe und Frieden
sickern
immer tiefer
in die Gedanken

die
wie alte Lumpen
an der Leine vergessen

vom Wind zerzaust
ihr trauriges Lied
über die trockenen Felder
gießen

STADTGEFLÜSTER

Die Eingeweide der üppigen Stadt
winden sich
unwirsch
um ihre Seele

Tränen der Einsamkeit
rinnen nicht ewig

verkommen
im Treiben

machen bloß
der Hitze
den Weg

frei

STURZGEFAHR

Fadenscheinig und zerschlissen
erscheinen die alten Versprechen
Raue Fasern
grober Worte
hängen im Raum

in dem kein Leben mehr ist

für uns

getrennte Wege
führen wirr darin herum
Labyrinthe
verhindern Begegnung

Nur der herabgetretene Saum
bringt ab und zu
einen

ins Stolpern

SIEHE DA

Das Gauklerspektakel
seines armseligen Geistes
gipfelt

in der leuchtenden Verherrlichung
des eigenen Seins

    komplex und verworren

um keinen Ausweg finden zu müssen
Schutzschild aus Lügen und Ausflüchten

dicht an dicht
und doch
so leicht

durchschaubar

    für Sehende

SCHLEICHEND

Schleichend
gähnt der frühe Morgen
über uns

Ordnung

in die gebrochenen
Gedankenfetzen

SCHWARZER MOND

Du

grauenvolles Dunkel
wieder erlangter Freiheit

Alles atmet Reichtum
und
verbindet

sich

in der Komplizenschaft
des gegenseitigen Verrats

SCHATTENSPIEL

Entblößt liegt sie da
empfindlich

in ihrer reinsten Form
existent nur im Spiel ambitionierter Ironie

durchdringend gurgelt der Schatten
dicht gewoben

gefangen
im goldenen Ring

SCHATZ

Nylongefasste Augen
blicken
erbarmungslos
der Dunkelheit
ins schnöde Antlitz

der gemeinsame Wortschatz
will gehoben werden

SPIEGELGLEICH

Die Wurzeln meiner Blicke
verfangen sich im unendlichen Blau

der Tanz auf Glas erinnert an die
ineinander rinnenden Bilder

trunken, mein Herz

öffnet sich
unter den Füßen
das Leben selbst

die Extravaganz der Schritte
spiegelt den Zustand
der Zeiten

SCHMETTERLINGE

Ein kesser Blick
flüchtig
über die Schulter geworfen

erinnert sie schlagartig
an die Schmetterlinge
die einst
in ihrem Bauch
zu Hause waren

STERNENGUCKERIN

Geplagt
von der bittersüßen Verzweiflung
erhebt sich meine Seele
aus klebriger Geselligkeit

unversehens
lasse ich mir von den Sternen
den Kopf verdrehen

Dorthin
wo lückenhafte Lebensbilder
einander
glücklich in die Arme sinken

STEINE

Aneinander geschmiegt
wie zufällig übereinander gefallen
und doch einer gefälligen Ordnung
folgend

hinaus in die raue See
langend

Schutz
Weg
Wall

und Meer

tonlos
durchdrungen
von meiner Sehnsucht

SOMMERNACHTSTRAUM

Das Haupt geschmückt
geflochten
sommerblumenkranzverziert

Schaumwein
in geschliffenen Gläsern
perlt wie
jugendlicher Leichtsinn
auf salziger Haut

Von deiner Nähe will ich kosten
heute noch
bei Tag

Und nachts
ergießt die Möndin
ihre silbrigen Lieder
über meine
Hüften

Und wandelt meine Welt

in ein Meer

STERNENHIMMELWEIT

Alabasterfarbige Fragezeichen
brechen

am Höhepunkt der Welle
entzwei

in Kringel, die zeugen
von der Lebendigkeit
des Totgeglaubten

Nichts vergeht auf ewig

Bleib!

Sternenhimmelweite Welten
eröffnen sich
ins Innerste

Taumelnd tanzen

Trunken torkeln

Tunlichst träumen

täglich

TANZKURS

Im Licht der Vergangenheit
die Ebenen der Zeit
betanzen

betört
vom skandalösen
Rauschen

dem Sog der Sprache
erlegen

die sie unversehens
in Fesseln
legt

TRAUERSPIEL

Virtuos
ist diese Rolle angelegt
dir auf den Leib
geschneidert

Die Posse spielt sich fast von selbst

verschwindest
zwischenzeitlich
scheinbar bescheiden
hinter dem schweren Vorhang
des Betrugs

glaubst
an Verletzungen
ohne das Zutun deiner blutigen Hände

schminkst
deine Seele mit dem Ruß verbrannter
Erde
deckst
brodelnde Gedanken mit dem Mantel
der Eitelkeit zu

alles billige Takelage und Täuschung

ich war verloren und habe mich wieder
gefunden
ganz alleine

TAGTRAUMTANZEN

Tagtraumtanzen
ist eine Kunst

die jenen vorbehalten bleibt,
die auch der Nacht
nicht abgeneigt sind

ins Gesicht
zu lachen!

TANZ

Ein Tanz
in dem sich keiner hingibt

bleibt nichts

als ein Hauch
von figuraler Unterhaltung
in einer ruhelosen Welt

Wieder auferstehen
wäre die Lösung

oder

    einfach schweigen

TICK-TACK

Aufgetakelt mahnt die Uhrzeit uns zur
Eile

Müssen die Pflichterfüller
bei Laune halten

Vergessen ohnehin
so gerne
was morgen
Erinnerung hätte sein sollen

und erlauben uns
dann und wann

ein wenig Phantasie

in den Stromschnellen des Flusses zu
verankern

Lebensgefährlich
es sei denn man ist Dichter

TODESKAMPF

Das Herz
im Keller der Erinnerungen

es modert vor sich hin

leistet tapfer
dem Vergessen
seinen Widerstand

Der Puls

verstummt
versiegt

bevor die Wächter
ihn erhaschen

Unsterblich irgendwie
doch noch nach dem Leben greifen

TRÄUME

Träume
gehen ihren Weg

Gedanken
verloren

ich sehe dich kaum

Schwaden prophezeiter Anekdoten
verschwinden
Staubkörnern gleich

in klein karierte Bettwäsche hinein

gesickert
getrocknet
gelebt

dezent erinnert
an das Unsägliche

   GLÜCK

      gehabt

Unvergesslich unser Urlaub

unruhige Überfahrt

Urvertrauen –

unterwegs unversehens

untergegangen

ups.

UNTERGETAUCHT

In der Wanne des Wohnblocks

fremde Geräusche
umspülen den hitzigen Körper

Lassen ihn klirrend
unsichtbarer Teil
anderer Leben
sein

mittendrin
unerkannt

UNVERSEHENS

Zersplitterte Gedanken
bilden flugs
ein neues Nest

aus Augenblicken
die
Wirklichkeit
werden
wollen

UNTERGEHEN

Kalt

streift sein Blick
sensengleich
über den morastigen Uferstreifen

Allein die Existenz der erodierten
Verbindung
zwischen den Zeilen der Hoffnung
macht Angst

vor dem Fall
über die unsichtbaren Fäden
die sich durch seine Seele ziehen

Untergehen.
Einfach untergehen.

UNECHT

Welt aus Plastik
mit glänzender Oberfläche

in der Tiefe
bloß
Leere.

Partikel unausgesprochener Sätze
sinken schwer
zu Boden

Courage?
Nicht heute

Schmutzige Hände
stehen ihnen nicht
zu Gesicht

UNENDLICHKEIT

Weiße Frau
sag
wohin soll es gehen?

Neu
scheint alles
im Licht des Frühjahrs

weggeschwemmt sind
alte Melodien

wie Treibholz

glatt und unscheinbar
verirren sich sicher geglaubte Gedanken

ans Ufer meiner Seele

Hebe deinen Schleier
die Vermählung
mit dem Unendlichen
hat längst begonnen

ÜBERGANG

Ein Klangerlebnis
wie damals

das Nordlicht

minimalistisch
präzise
knapp

treffsicher
mit Anlauf

Unter der
gespenstischen
Melodie der Verzweiflung
beugt sich der Tag
der Nacht entgegen

URAUFFÜHRUNG

Das pralle Leben
täuscht über den leichten Tod
hinweg

In angemessener Ruhe
schälen sich Gedanken

wie vorsichtige Flügelschläge
aus dem Rot
der untergehenden Sonne

Gewidmet bloß
dem Stillstand der Zeit
in jenem Moment

in dem die Seele
begleitet vom Trommelwirbel
zum Flug ansetzt

über den letzten Zweig
in die Oase

UNSER PLATZ

Ganz still
im heiligsten Schein
unsichtbar geborgen

Spült uns das Leben an den Strand

Der unser Platz ist
in der erbarmungslosen Welt
der Alltäglichkeiten

Verführerisch

Vielfältige Verlockungen

Verzehr verboten

verzaubert vom Vanilleduft

VERFÜHRERISCH

Leise
nur einmal
an die mondlichterne
Tür klopfen
die führt
zu
unverhofft erfüllten Wünschen?

weiträumig schwelende
alte Gefühle
halten ihn gefangen
in seiner kaskadenartigen
Wirklichkeit

koboldhaft
steht er
irgendwie

quer
zur Welt

plötzlich
gerade aus
in ein neues Leben
gewirbelt

VERBLENDET

Der Schwan
plustert anmutig
unerhörte Worte aus dem makellosen
Gefieder

Glanz
verblendet jeden Ausgang

VON DER WAHRHEIT ERSCHÖPFT

Von der Wahrheit
erschöpft und erfüllt
sinkt sie
tiefer
in ihr Sehnen

Der sperrige Wind
gaukelt
grausam

mit jedem neuen Hauch
ein Stück Freiheit
ihr vor

Wie einer
der mit samtig festem Griff
ihre Schultern erfasst

bestimmt

den Brustkorb weit macht
wie ein geblähtes Segel
weit

für das mutterseelenalleinige Eingestehen
des Zurückgeliebtwerdenwollens.

Wir wollen weiter

werden wer wir sind.

Warum

wirbeln wieder Worte?

Wagen wohlige Wirklichkeit

Werden weiter

wachsen

WIR

vielleicht
oder auch nicht

wenn

gleich

wieder mal

auf gut Glück
vorbeigeschaut

WELT

Die Fontäne
der wüsten Seelenlandschaft
ergießt sich über den Diwan

janusköpfig beugt sie sich
über jene Zyste
grauer Gedanken

löst
formt
schneidet

elementare Partikel
von Menschlichkeit treten aus

als billige Reproduktion einer lächerlichen
Phantasie

es bleibt die Leere
eines unvollendeten
Kapitels

draußen die bunte Welt

WIRBELWIND

Wie
vom Herbstwind
kurz vor Sonnenuntergang
im letzten goldenen Licht
des sterbenden Tages
hier her
geweht

mit Augen
klar und frisch

Ein junger
Frühlingsmorgen!

WIE ES EINMAL WAR

Unbeschwert mollig
zog das Nieseln
des Abends vorüber

wie ein raschelnder Umhang
aus Brokat

in die Luft
mischte sich fast unbemerkt
bedrohliche Schärfe

während er
der dahin geschlitterten Liebe
stumm
beim Sterben zusah

Metallener Gesang
trieb sich
verwildert
in seinen Erinnerungen herum

brachte versteckte Einsamkeit
zum Klingen
und erinnerte ihn sanft
an die Geborgenheit
in der Küche
bei den Frauen

WIEDERFINDEN

Einen Augenblick
lang

Welten erobern

unversehens
Freude finden

eingebettet
ins Verlorengehen

WARUM?

Warum nur
beschäftigt ihn stets
ein Vogelschwarm an Dingen
im Exil seines Denkens?

Vermischt mit dem Atem
der Regentropfen
die ihm lauthals das Meer verheißen
zieht das Leben weiter

seine Schlieren
über das Fenster zum Hof

WENN DER VORHANG FÄLLT

Mit ausgestreckter Hand das Leben
ergreifen
während unschuldige Eisblumen
sich malerisch über die Worte legen

Buchstaben verankern sich frech
im Schrein der bunten Götter

Der Vorhang fällt
wie ein Bruder der Ewigkeit
schwer
zu Boden

sinkend bauscht er sich auf
im Takt der Lieder und Tänze
stummer Zeiten

Gedanken zerrinnen
in süßem Blütensaft
befreien sich
aus dem bodenlosen Kerker
der altvertrauten Angst

deren Zwielicht
den Duft der Dämmerung
schamlos übertüncht

noch lange bevor er
zwischen den Zeilen
Einzug hält

in der dürren Landschaft
des geschundenen Geistes

Wiedergeburt im letzten Akt

WILLKOMMEN

Durchs Spiegelkabinett
des widerständischen
Geistes

schlendernd

hole ich mich selbst
klammheimlich
nach Hause

WAS BLEIBT

Der Geschmack abgestandener Luft
vermengt sich

mit
blassblau gestreiften
alten Weisen

Hand in Hand erobern sie die Zeit
der kalten Laken

ein Flaum von Demut bildet sich

wärmt
im Tal verblühter Sommernächte

die sich dem Herbst bereits
entgegen recken

was bleibt ist ein Windblumenmuster
wie Dunst,
abgelegt an alten Fenstern

WEGWEISER

Boten verlebter Tage
geben sich
ein Stelldichein
am kargen Strand
der Gemeinsamkeit

Die Sonne geht unter

erweist sich als lächelnder Fingerzeig

so leicht geht
die starke Welle
sanft wie von Zauberhand

ohne zu brechen

weg

WELTSTADT

Mauern
Steine
Wände

verkümmert die große Vergangenheit
zu nichts als Staub

Ein Windhauch trägt den süßen Duft des
Kommenden
diskret vorbei

erbarmungslos tobt sie sich aus
Lärm
Laster
Lieblosigkeit

mittendrin
ein Kind

Licht in einem rosaroten Luftballon

WAS GEHT

Wissen
worum es geht
und wohin
und mit wem

Gehen
um des Gehens Willen

geht gar nicht

WIE VIELE NAMEN HAT DIE LIEBE?

Verschwundene Worte
in samtigen Gezeiten

Kaleidoskop

am Wiesengrund
wie ein Regenbogen
in dunkler Nacht

zwei Leben
in einem Zug
gelebt

Wie viele Namen
hat die Liebe?

WORTSPIEL

Im Spiegel
des Ungesagten
Worte
wieder finden

die
in die Ecke gestellt
beinahe verwaist
darauf warten
den Flügel aufzusperren
und

das Leben zu besingen

WELLENLÄNGE

Von Scham getrieben
zwängt sie sich
durch die Meerenge
der Verzweiflung

Tauscht erneut
die kratzige Abenddämmerung
gegen das schüchterne Morgenlicht

Goldene Gedanken
fangen sich
im Strudel der Zeit

Schimmernde Späne
mahagonifarbener Gefühle
treiben an der Oberfläche

Die Wellen schmiegen sich
erfüllt von Begierde
um den Kieselstein
mitten im Fluss

WINTERGEDANKEN

Spielmann
erzähl mir vom Sommer
vom Gewitter und dem Tanz des
Schmetterlings

leicht wie eine Feder
streifst du mein Herz auf deinem Flug

gewagt
hinaus zu gehen

geklärt, gereinigt
gewachsen

gestern noch im Frühlingszauber
heute

herbszteitlose Eisblumen
auf der rosa Brille

WENN NUR

Wenn nur
ein Fingerhut voll Zeit
übrig bliebe

um das Glück
des Augenblicks
zu feiern

Wenn nur
der Maiwind im Dezember
wehte

um Lavendelduft
durchs Haus
zu treiben

Wenn nur
noch ein Tag
so schmeckte wie Vanille -

rotgestreift und blaukariert.

WUNDER DES SCHREIBENS

Morgens
wenn das Licht sich
durch die Gardinen
ins Zimmer schleicht

Wenn knittrige Laken
den Blick freigeben
auf den Tag

kehrt leise Leben ein

mustergültig

reiht sich das Karo ein
in die leichten Kringel
und bunte Flächen
die so kugelrund
und leuchtend
eine sommergetränkte Blumenwiese
erahnen lassen

Dort zieht eine Zeile

zittrig ihre Bahn
aus der Hand eines alten Architekten
der mit seinem Strich sich an der Lust
des Schreibens labt

Wunder des Anfangs
Wissen um das Ende

Ein Papierflugzeug
beladen
mit Hoffnung und Wehmut

taumelt in den Wolkenturm
trudelt

zieht seine kühne Spur
um auf zu steigen

verschmilzt ganz langsam
mit der Zeit

zu einer Geigenmelodie
mit Kirschgeschmack

am Horizont

WEG

Ein Vogelschwarm an bunten Dingen
überdeckt die Furcht vor dem Schatten
des Tigers

Barthaare – Antennen gleich
künden vom Moment der Verwandlung

alles neu

ohne Kerze, Buch und Schlacht

blind geworden von der Zeit
gesäumt von der wunden Grenze

kunstfertig zusammengeflickt
als müsse es so sein.

WEG

ins Exil meiner Gedanken.

Zeitlebens zufrieden
zusammenleben

Zweifel zerstreuen
zerrinnende Zeit
zusammenhalten

Zahllose Zufälle
zelebrieren

zärtlich

ZEIT

Subtile Klänge
ahmen fremde Bewegungen nach
im Rhythmus der Tradition

Sie will nur einmal trinken
vom mächtigen
Schattenfall
der glanzvollen Robe

Schamlos
bleibt ein seidenes Lächeln
im Zimmer zurück

macht sie berührbar
verletzlich

Tiefe
Weite
Fülle
atmen

bis die Zeit
in sich zusammensinkt

ZWIELICHT

Eine müde Hand
reckt sich
dem Geruch eines schlafenden Menschen
entgegen

Mittleres Alter

gleitet am Vorhang
zwischen Wort und Nacht
entlang

um das ewig verborgene
zu entdecken

Der dicke Akzent des Schmerzes
trifft den Körper unversehens

im Zwielicht
des Seins

ZUHÖREN

Das ewige Schweigen
endlich
zu Wort kommen lassen

Es wetterleuchtet
lang schon
durch mein Herz

aus der Seele
tiefster Schlucht
widmet die Sehnsucht
dem Leben

ihre süße Melodie
und auch all die stummen
Schreie

ZAUBERHAFT

Die Tasten der alten Schreibmaschine
senden
metallisch verschlüsselte Botschaften
ins All der Gefühle

ohne Ende
wundersame Figuren schaffend

Das Dorf schläft tief
während der Zauberreim

sich einbrennt
in die kindlichen Gedanken

ZEIT-EBENEN

Unauflösbar
verbunden

mit dem Heute
mit dem Morgen

im Schein des Offensichtlichen

verirrt
zerbrochen
atemlos

neue Wege finden

ZEITLOS

Das Zeitlose
aus der Zeit heraus schälen

Einmal noch
mich öffnen den Farben
der Frühjahrskollektion

In den blauen Augen
spiegelt sich die zerfledderte Taube
als mattgrauer Kontrast zum blutenden
Herz

Blumenketten für den letzten Weg
aufgebahrt
am Bistrotisch

ZERFRANSTE ZEITEN

Die Linde vor dem Haus
singt mir das Lied
der zerfransten Zeiten

voll verlebter Erinnerungen
haftet der Atem
des sprudelndes Bachs an ihm

Bockshornfunken
üppig eingepackt
im violett der Glockenblumen

erzählen von jenen Tagen
als die Hitze
ihr Spiel trieb
mit der Welt

der Duft von Freiheit und Liebe
kleidet das Wiesenbett

Bildinformationen

Alle in diesem Band abgedruckten Bilder wurden von der Autorin fotografiert.

S.6	Kirchenzugang, Nürnberg-Altstadt 2015
S.9	Bora, Piran 2014
S.14	Hafen. Piran 2015
S.16	Skulptur, Piran 2015
S.21	Spiralen, Piran 2015
S.24	Salinen, Secovlje 2015
S.35	Bojen, Sistiana 2015
S.39	Garten, Motovun 2015
S.45	Fischerboot, Piran 2015
S.50	Tür, Piran 2014
S.57	Flohmarkt, Vikting 2015
S.65	Tonskulptur, Piran 2015
S.71	Handwagen, Grado 2014
S.77	Sessel, Porec 2015
S.80	Kinderspielzeug, Grado 2014
S.89	Nägel, Slowenien 2015
S.96	Fenster, Koper 2014
S.99	Taubenmann, Piran 2015
S.108	Flohmarkt, Viktring 2015
S.120	Ruine, Sistiana 2015
S.122	Glücksgasse, Bad Ischl 2014
S.130	Natur, Klagenfurt 2013

Umschlag: Handwagen, Grado 2014

DANKE!

Gerufen

aus tiefem Herzen

In die weite Welt

Für Abenteuer auf stürmischer See

Für Erholung am Ufer

Für Salz in den Wunden

Für Heilung

Für frischen Wind

Für Leuchttürme im Nebel

Für's Schwimmen in neuen Meeren

Für Rettungsringe im richtigen Moment

Für Auszeiten, Einsichten, Fortschritte

Für stabile Anker und viel Freiraum

    vor allem

Für Gemeinsamkeit in diesen wilden Zeiten

Kontakt zur Autorin

Foto: Evelyn Hrnonek - Kamerawerk

Mag. Barbara Graber
QUANTENRAUM

www.quantenraum.at
graber@quantenraum.at

Ebenfalls bei BOD erschienen

Graber, Barbara	**Wortschätze 2** Fundstücke & Treibgut aus dem Meer des Lebens Lyrikband 2015
Graber, Barbara	**Leben eben** Wortmalerei-Gedichte über das Leben Lyrikband 2012
Graber, Barbara	**Den Quantenraum erobern** – Impulse für Menschen, die WIRtschaft gestalten Impulse 2011